宮城県蔵王町・熊野神社

こまいぬ II 目次

みちのく犬

つがる一の傑作！と思います
全体のバランス、眉毛、髭の独創性、表情の楽しさ、素晴らしいです
拝殿前の明治22年生まれも良いのでお見逃しなく！
青森県黒石市三嶋宮本132－2　三嶋神社
昭和41年（1966）
津軽鉄道黒石駅から４㎞ほど、徒歩ではつらい

何だか得意げです。なまこみたいな眉毛して・・

皇太子殿下御成婚記念狛犬　猿賀神社内には幾組もの狛犬がいます

青森県平川市猿賀猿賀神社内・胸肩神社　昭和34年(1959)

「ねえ、サッカーしようよ」
少年のような無邪気さです。

青森県弘前市新岡・八幡宮
弘前市の北西6キロ、りんご畑の中にある神社の玉垣内で遊んでいます

ユニークな大口犬　鬼瓦みたいな鼻の津軽半構えです
顔は愛嬌があり、気弱な奴がつぱっている風にも見えました
青森県弘前市新地・羽黒神社
明治20年（1887）　石工・山内三次郎

「やあ、こんにちわ。どこからきたの?、津軽は寒いしょ、。気をつけて旅してね」
ほっ冠りとると丸々したやさしいクマさんみたいです
青森県五所川原市金木町喜良市・熊野宮　昭和7年（1932）

上　**猫狛でしょうか？**　平成８年（1996）
猫っぽい平成犬です。仕上げは綺麗で丁寧

下　**ユニークな姿の木鼻狛犬です**
素木。愉快な表情でなかなかの快作。神社の拝殿向拝にいます

共に青森県弘前市十面沢・巌鬼山神社

水中眼鏡かけてるみたいだね　雨天快適！
青森県弘前市種市・赤倉山神　大正14年（1925）

四頭身ほどの頭デカじいちゃん顔です
青森県弘前市平岡町・保食神社　昭和11年（1936）

にこやかなデブリン君です　幕末生まれです
青森県弘前市大森・大石神社　慶応元年（1865）

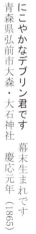

潰れた愉快顔犬
他の神社にもこれに似た兄弟犬らしきがいます
青森県黒石市浅瀬石清川136
羽黒神社　明治19年（1886）

顔はまずいが姿はきりり！
直線的なデザイン　グッド！
青森県つがる市稲垣町繁田・胸肩神社
昭和５年（1930）

一円玉の器量

これ以上崩しようないけどここまでくると超個性
（本人たちはかなり悩んでいるんよ）

宮城県仙台市泉区福岡鍛冶袋
山神社　大正元年（1926）
街道沿いの一段高い位置にある小さな社の小さな一対です

頭でか猛犬！

ぶさいくながら姿、顔とも惹かれます

吽（左）は普通の姿勢ですが顔は阿に負けません

宮城県栗原市金成津久毛平形烏帽子沢105

八幡神社　明治30年（1897）

集落高台の林内にある神社です

チビで丸くてちょっと突っ張っていて
なんとなく出川君　→

宮城県栗原市栗駒稲屋敷高松51
雄鋭（おどの）神社
読めない神社名ですが近くにおどの山という
山がありそこから命名されたらしいと神社に
いた地元の人が教えてくれました

猛烈だなあ、おまえ
めくれた舌も個性のうち？
↑　宮城県栗原市築館黒瀬後畑64
鹿島神社・天保３年（1832／江戸後期）
静かな集落の道路沿いにある開放的神社

フォルム、表情ともにコミカルで魅力的

前足を少しずらす形は仙台型らしいです
誰がそう決めたのか判りませんが・・・
茅葺の本殿二棟は県指定文化財でその前に数匹狛犬がいます、その中の一匹ですが年齢不詳

宮城県仙台市泉区古内字糺１・賀茂神社

玩具みたいな手の漫画犬

珍犬ですがなにかいま一つ魅力に欠けます　→
宮城県栗原市津久毛岩崎山根61・猿田彦神社　公道の角

だんご目、鼻ペチャ　マンガ顔

こちらけっこう笑えます
宮城県仙台市泉区朴沢八幡下41
八幡神社・宝暦12年（1762／江戸中期）
↑　集落内の小高い場所

拝観にきていた若い女性が
「これ何、蛙??」といって笑って
いましたが　確かに・・
フォルム、顔とも蛙型で見る人を楽しま
せます。生えた苔模様がおしゃれ～
宮城県刈田郡蔵王町遠刈田温泉
刈田嶺神社里宮
共同浴場のそば、温泉帰りに狛犬でも
ホッとして・・。他の狛犬もいます

コミカル犬三題　あなたはどれがお好き？

宮城県柴田郡村田町村田七小路3－3・白鳥神社　上右

福島県郡山市安積町安倍　安倍・近津神社　左

宮城県刈田郡蔵王町小村崎字稲荷林43・熊野神社　下

まねき猫ならぬ招き犬

石彫作品として抜群の出来です
どのような石工さんか会ってみたくなります
明治33年（1900）　石工・鈴木善三郎
福島県本宮市白岩宮ノ下320・浮島神社
のびやかな田園風景の中の神社です

凄みと滑稽さをミックスしてみました、如何？　かなり魅力的です
福島県白河市堀之内町堀ノ内儒二段　厳島・八幡神社　石工／和地繁雄
街道の民家の向かい神社森内です。奥まっているのでチョット判りにくい

かっこうつけるのも楽じゃない
頑張ったポーズですが名工・小林和平さんの大作
福島県石川郡古殿町山上古殿38・古殿八幡宮
昭和7年（1932）　素晴しい流鏑馬の馬場がある神社です
↑

凄いですねえ！　迫力満点のデカ顔の一匹
福島県石川郡浅川町浅川城山85・白山比咩神社
昭和7年（1932）　石工・岡部市三郎／生田目左伊助
←

素晴しい親子像です

こちらも小林和平さんの作品といわれます。重い世相の中少しでも心温まるものを・・と作者は願ったのでしょうか。阿の足元には大輪の牡丹が咲いています

福島県石川郡石川町王子平・王子八幡神社　昭和14年（1939）

関東犬

なんともマンガチック

立派な社殿のある神社にはちょっと似合わない感じもしますが楽しめる昭和犬

茨城県ひたちなか市磯崎町4607-2　酒列磯前（さかつらいそさき）神社　神社は港が見える高台です

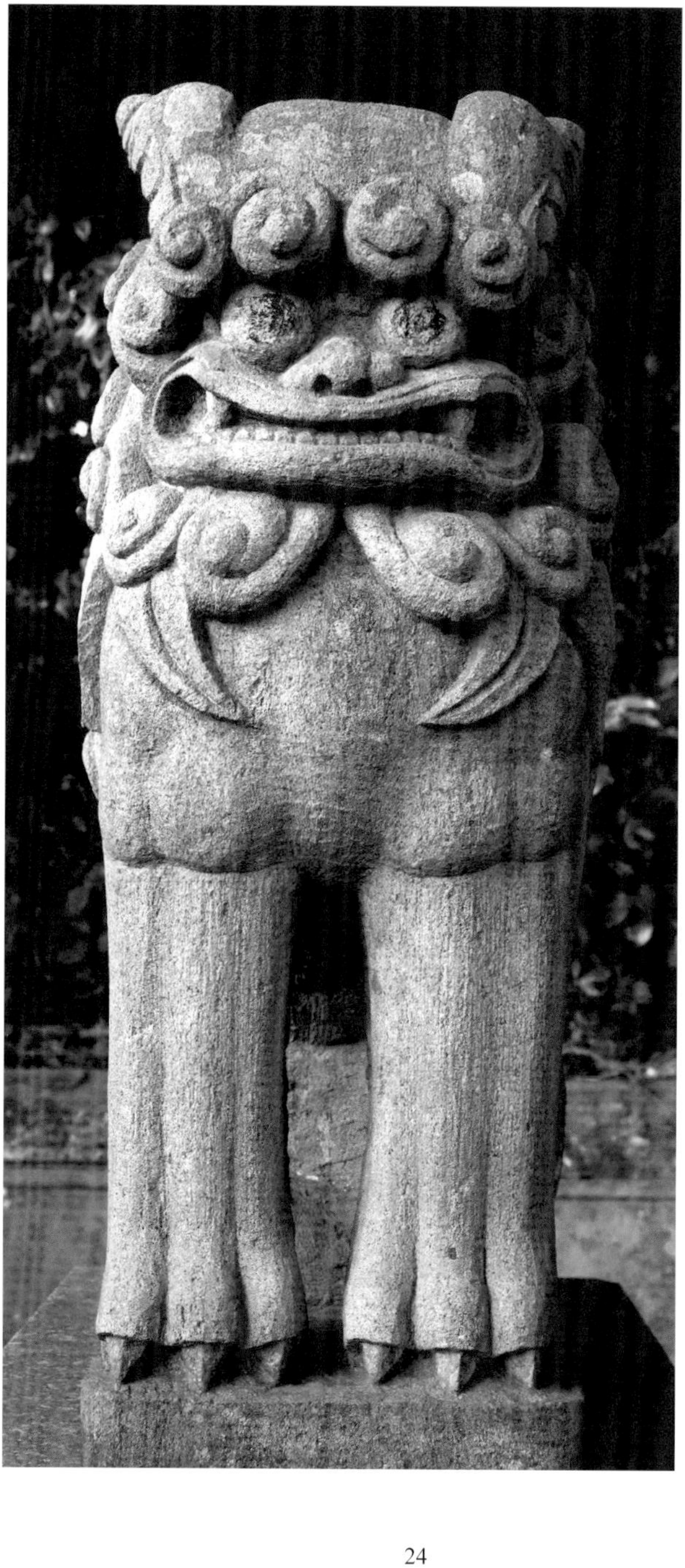

怪作！　尋常じゃない

胴長は時々いますがこんなすごい顔がついているのは滅多にいないです
参道は急坂の山道で長く息切れ必至の登山です。でも苦労の甲斐はあります

茨城県久慈郡太子町北田気1024・二荒神社　江戸時代

ほのぼの君

番犬には向いていませんが訪れる人の心を温めます。小さな境内社前にいる小さな犬です

茨城県久慈郡大子町相川101
越方神社
元禄14年（1701／江戸中期）

ポーズも面構えも決まった傑作の一つです
茨城県行方市富田1537・羽黒神社　大正13年（1924）
神社はちょっと判りにくい場所です、そばのＧＳで場所を訊きました　　上

仔犬を抱えた猛烈顔だがバランスは良いです　昭和35年（1960）　　下右
そばにいるユニークな大型犬　平成生まれのようです　　左
共に茨城県高萩市安良川1180・八幡宮　大きく立派な神社です

アハハハ、我ながら笑っちゃう、獅子舞の獅子か？なんて言われたし～
フォルム、顔ともいうことなしの傑作。境内の祠の前にいます

栃木県塩谷郡高根沢町西高谷333・星宮神社　大正11年（1922）　石工・古口新松
緑豊かな田園の中にある神社。辺りは深呼吸したくなるような解放感ある風景

どうだ、怖いだろう！
山椒は小粒でピリリと辛い犬
日光市嘉多蔵485・タカオ神社
小さな集落の小さな神社でわかりにくい集落の二股道の草の生えた無舗装道を入っていった突当りの林内です

変わってはいませんがなんとなく捨てがたい顔です
栃木県大田原市小滝1268・小滝神社
大正15年（1926）　辺りは田園でのびのび

♪牙は出てても心はソフト〜
どんな犬より優しいぜ〜
（水前寺清子調）

覆屋内の本殿前にいます。屋内のためか状態が良く素晴らしいです
拝殿前には昭和14年生まれの一対もいます

栃木県日光市大桑町1298　平田神社
入口がやや判りにくく街道から神社までの道（200 mほど）は細いダートです

動きたくても動けな〜い・・
阿吽ともずんぐりむっくりの石塊犬です
栃木県宇都宮市下栗町大塚・大塚神社
大正15年（1926）　小さな神社です
↑

昭和・東京オリンピック年生まれのびっくり顔犬
栃木県宇都宮市上御田町456
御田神社・昭和39年（1964）
新幹線高架そばの小さな神社
←

何しに来たの？お参り・・じゃどうぞ・・ →
ちょっと不愛想な印象でした
栃木県佐野市岩崎町・八幡宮　江戸中期？　町外れ、石段急

おっとりした柔和犬　両方阿像　上右
栃木県宇都宮市福岡町1333・日枝神社　享保6年？
広い公道沿いの小高い場所の神社

いらっしゃ〜い、ニコニコ顔の出迎え犬
栃木県佐野市戸奈良町・鹿島神社　昭和5年（1930）
街道から大分入ります、ちょっとわかりにくいです
↑

どこか具合悪いの？　老医師風です
優しく話かけてくれそうな雰囲気です
↑　群馬県高崎市宮元町・頼政神社　明治3年（1870）

お前　カエル？ブタ？　上左
群馬県高崎市箕郷町善地
月波神社（下月並神社）・宝暦8年（1758／江戸中期）
公道を挟んだ長い草の参道が素晴しい神社です

人気のない小さな神社で　ただボ～として暮らしてます
群馬県利根郡みなかみ町上牧528・子持神社
交通量の少ない公道沿いです　←

美しい！
楼門内にいる青銅製犬です
群馬県高崎市吉井町
神保甲435・辛科神社

いずれもヒケをとらぬ上州猛烈犬！

なんとも怪しい目つきです
群馬県甘楽郡下仁田町下仁田・山際稲荷神社

ほぼ石の塊的で量感溢れてます
群馬県渋川市北牧・若子持神社　昭和14年（1939）

滅多にいないビクター犬

ビクターのマスコット犬、知っている人も少なくなりました
因みにこの神社は古くは熊野宮でした
群馬県沼田市岩本町４５８・岩本神社　江戸後期？
線路沿いの細い道にあります。踏切狭く大きい車入れません

ここにもいました胴長マンガ顔

ユニークな顔です。狛犬は古いものほど個性犬が多いです
群馬県沼田市沼須町694・砥石神社
明和４年（1767）
駐車場も広く奪衣婆、青面金剛などの良い石仏もあります

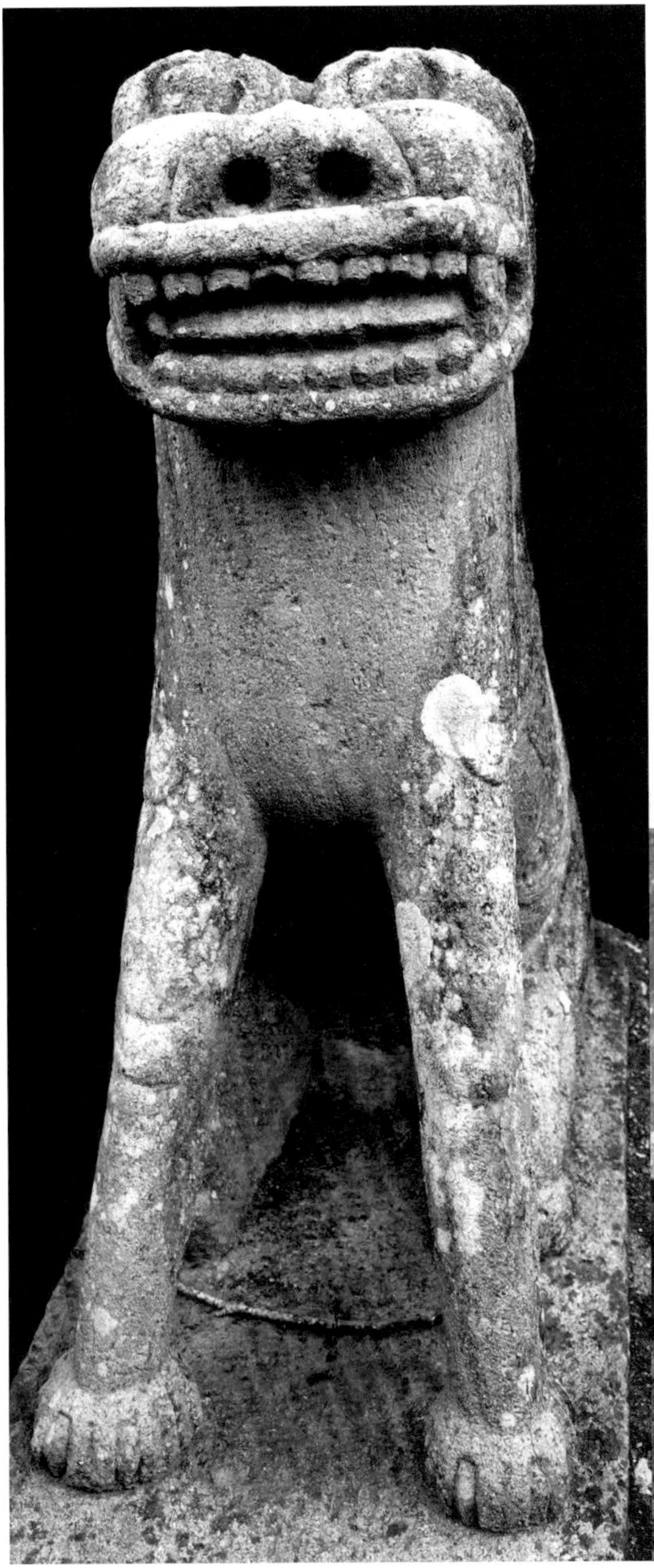

出ました！怪獣系の傑作　歯並び完璧！
体長70㎝くらいのやせた野犬タイプ

群馬県甘楽郡下仁田町東野牧・荒船神社
下仁田から佐久に向かって野牧寺の手前を左へ、旧道に入った
集落の外れです　　駐車十分可能な閑静な場所です

全国で一、二を争う傑作！文句のつけどころない豊かな発想にただただ脱帽

埼玉県飯能市長沢・借宿神社　大正15年（1926）　国道299沿い・吾野宿入口信号角（トンネル西側）

堂々とした下ぶくれのユニーク犬
埼玉県本庄市千代田3－2－3金讃神社境内社・琴平神社

↑
小ちゃな離れた目に割箸型の口　お前何だか怪しいね
埼玉県新座市大和田4丁目・氷川神社　文化9年（1812／江戸後期）
石工・長吉　新座駅から1・5キロ

お金あげるから歯医者に行きなよ　歯医者嫌い犬
埼玉県加須市飯積・鷲神社　大正14年（1925）

千葉県一の傑作です
顔は怪しい人面系なれど
フォルム抜群！

千葉県夷隅郡御宿町浜・月夜見神社　大正期

国道１２８沿の小高い所にある石段急で長い小社です。すぐそばの広い港に駐車できます

房総はこの手の爆笑犬が多いです →
理由不明ですが陽気な人が多いのかも・・
千葉県袖ヶ浦市坂戸市場1441・坂戸神社
安永4年（1775／江戸中期）

直線的なフォルムのモダニズム犬とでもいいましょうか
顔はやや漫画チックですがセンスの良い石工です
仔犬もいいね
← 千葉県佐倉市下志津823・春日神社
明治24年（1892）

急に声かけないでよ～びっくりする～
気弱そうな面白犬です
千葉県市原市諏訪2－2－8　上下諏訪神社
↑

こちらは三度笠冠ってるような旅人さん風
千葉県市原市平蔵・熊野神社　←

愛嬌たっぷり
尾の造りに注目です
小犬が可愛いね
千葉県白井市清戸553・宗像神社
文久2年（1862／江戸後期）
石工・長十郎

顔、潰れて変だよ　眉毛とヒゲ同じだし・・
コンクリート製のようです
千葉県勝浦市串浜809・春日神社　昭和初期?
国道沿いです
↑

あんた犬?ウソ、虎でしょ
素人が工作したらしいコンクリート犬のようです
千葉県山武郡九十九里浜町・不動明王神社　昭和期?
境内に赤いお堂があり近くに豊海小学校があります
←

迫力、出来栄え共に一級品です
文化財の本殿前にいる小さな神殿狛犬ですが状態はすこぶる良いです。秋は境内の紅葉が綺麗な神社です

千葉県印旛郡栄町安食・大鷲神社

う～ん、
何とも間の抜けた怖さですねえ

千葉県旭市下永井53・海津見神社
昭和11年（1936）
漁港近くののんびりした雰囲気の神社です

犬に化けて陸に上がってみたアンコウのようですが目が魚のままでちょっと失敗でした　→
千葉県いすみ市椎木・玉前神社　郵便局の裏手方向です

アイラインくっきり、真っ赤なハート型マウスのホステスさん風　ご来社お待ちしてま～す　上右
千葉県茂原市長尾1463・橘神社　昭和後期か平成

コワ～　こういう目つきのは稀です
←
千葉県茂原市大桑町本納738・橘樹（たちばな）神社

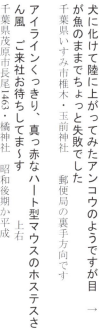

木鼻狛犬傑作三題

木鼻狛犬という呼び名は正式名称ではないだろうが狛犬ファンには十分通用する。房総には愉快な表情のものがいます。大工彫刻の一つだが楽しい発想をする大工がいるものと感心です

千葉県茂原市下永吉・永吉神社　上
茂原市大芝563・玉前神社　中
夷隅郡大多喜町上原149・諏訪神社　下

江戸っ子犬・浜っ子犬

つぶらな瞳ながら大迫力！
間違いなく傑作の一匹です
東京都世田谷区三宿2－27－6・三宿神社
大正15年（1926）石工／北村花五郎
↑

かっこいいです
新しいものに見えますが何の記もありません
東京都港区南麻布4－5－61・廣尾稲荷神社
地下鉄日比谷線・広尾駅から徒歩2分
有栖川公園に行く手前の道を右折した所
←

可愛くなりきれなかったようだけど悪くないよ
東京都目黒区青葉台22－16－2・北野神社
昭和4年（1929）石工・品田芳泉　目黒川の一本裏道です
↑

愛嬌ある昭和12年（1937）生まれ犬　左上
江戸中期生まれの一角犬　関東大震災も戦火も潜り抜け
都心で生きて二五〇年、頭が下がる文化財級狛犬です
この顔の仲間は都内で時々見ます　宝暦9年（1759）左下
共に東京都渋谷区渋谷3－5－12・金王（こんのう）八幡宮
渋谷警察署の裏手方向です

猿面狛犬で変ですが妙な魅力が・・

ただの狛犬でなく狛犬型庚申塔というのだそうですが見る限りは特別には見えません

東京都新宿区北新宿３－16－18鎧神社境内社・天神社

総武線・大久保駅から歩いて10数分の住宅街、徒歩が良いです

出た！怪獣オレンジャー

思わず目をこすりました　おまえ何者？・・
良し悪しはともかくこの独創性には降参です

東京都江戸川区南篠崎町２−54−15・天祖神社
都営新宿線・瑞江駅から徒歩10分ほどです

平成11年（1999）生まれの小型の新生犬ですが愛嬌と迫力に惹かれます

東京都北区志茂4－19－1・熊野神社　志茂駅から徒歩10分

カッコイイね！　精悍で安定感のある傑作です

東京都北区堀船・船方神社
明治45年（1912）　石工・庄司清三郎
荒川遊園地の隣りにある神社です

素晴しいというしかない造形です

江戸初期にこんなデザインする人がいたんですね。人の感性は授業では追いつけないものと改めて教えられます

東京都港区赤坂6－10－12・氷川神社境内社　阿＝延宝3年（1675）吽＝延宝5年　★都文化財

耳は小さいですがミッキーマウス種の滑稽犬
東京都港区六本木2－1－16・久國神社　駐車は難儀溜池交差点近く、赤坂氷川神社（右）からも近いです

こわもてなれどプロポーション抜群の大型犬です

阿（下）はどう見ても犬顔じゃない

東京都大田区北嶺町37－20・御嶽神社　池上線・御嶽山駅そば

コミカルで気力みなぎる面構えです
むっくりした全体のバランスも良い優れた作品
同じ御嶽山神社境内の大鳥神社前にいます
制作年不明ですが江戸後期頃かも？・・

どうしましょう・・
超ブサイクなハゲ親父風の顔ですが
様々の角度から見入ってしまいました
とにかく猛烈、類例なし！
神奈川県鶴見区岸谷1－20－60・杉山神社
京急・生麦駅から徒歩数分です

悪ガキ風で可愛く、色も綺麗でなかなかの名作　マスコットになりそうです
神奈川県横浜市鶴見区生麦４−31・水神宮　昭和２年（1927）
京急・生麦駅から海側に徒歩10数分の町角の小さな神社です

背の丸さが独特の飯嶋狛犬です

飯嶋さんは名工といわれ他にも傑作があります
文政8年（1825／江戸後期）　神奈川県横浜市
鶴見区上の宮1－32－2
八幡神社　石工・飯島吉六

東横線・菊名駅から徒歩10分ほどですが駅から
はずっとゆるい上り坂です

こんにちわ～　ゆっくりしていって下さい
親しみやすさとコミカルさが魅力の扁平顔です
神奈川県横須賀市走水２―12―５・走水神社
弘化４年（1847）　京急・馬堀海岸駅から観音崎行バス
↑
大きな敵を威嚇しているようです　がんばれ～
神奈川県横須賀市緑ケ丘34・諏訪大神社　合社前
京急・汐入駅徒歩15分　駅近くですが急坂あります　←

甲信越犬

同じ本殿の前にいるのですが二体は全く異なる様相です。他人同士を同居させたのでしょう。

下は手もなく痛みが酷いライオン顔です。どちらもとてもユニークですがそれぞれの片われはどうしたのか気になります

長野県伊那市高遠町藤沢荒町2122・貴船神社　集落の裏手です。地元の人に聞けばすぐわかります

デコボコした猛烈顔の小型犬
凄みを出そうしたしたのでしょうがちょっと
グチャグチャになっちゃいました
長野県上伊那郡飯島町飯島・諏訪神社　昭和３年（1928）
↑

飼い犬的可愛さ　ですが目がオレンジでした
モノクロの方が可愛いかも・・
長野県松本市島内小宮・古宮神社　昭和56年（1981）←

ほのぼの犬二題。訪ねれば心ほんのり伊那の旅～

上　長野県飯田市中村中平・八幡神社　享保6年（1678）

下　長野県下伊那郡阿智村駒場・阿布知神社　江戸中期？
集落の裏手、学校のそばの良い雰囲気の神社です

北アルプスの風に立つライオン犬
長野県北安曇郡松川村細野大泉寺6695
鈿女（うずめ）神社　昭和4年（1929）石工・田近勝之
↑
タドン目で同類も結構いますが、本誌では山梨県代表で単身参加です。山梨は個性派が少ないんで・・
山梨県中巨摩郡昭和町西条新田・日吉神社
少しわかりにくい街中の小社です　駐車場なし　←

飯田に住む親戚のおじちゃんです
長野県飯田市羽場権現・元山白山神社　上左

飯田の優等生です　スタイル抜群の一角犬
長野県飯田市今宮町4・郊戸神社

大きな顔だね　体の半分が顔です
長野県駒ケ根市赤穂2827・大宮五十鈴神社　←

大きなカエル口で性格のんきそう。街道沿いの小高いところで山里風景を眺めて暮らしてま～す

狭い境内ですが十王像などの良い石仏もあります

長野県北佐久郡立科町・大日堂　駐車場なしですが路端広い

身体の半分が顔という勇ましい？造りの越後犬です→右頁
昭和32年（1957）
新潟県新潟市西蒲区高橋1113・高橋神社

高橋神社にはこんな苦み走った奴もいました
↑

コミック系です　新潟県人はコミックがお好き？　上左
新潟県新潟市江南区舞潟1412・諏訪神社　昭和28年（1953）

やや怪奇なコミカル種です
新潟県新潟市西蒲区赤鏥538・赤鏥（あかさび）神社　←
明治11年（1878）　場所わかりにくいです

箱型コミック木鼻狛犬の快作

楽しいなぁ、こんな神社いっぱいあるといいいなぁ

新潟県新潟市江南区嘉瀬・神明社
信濃川沿いの小さな神社です

凄みがあり夕陽を浴びてかっこよかったです
屋根の飛び狛は通常逆立ちしていますがこれは珍しいです
新潟市西区小針4ー37・神明宮　街中の境内の広い神社
↑

悪そうな面構えですねえ
越後版出雲型とでもいうのでしょうか新潟はこのタイプ良く
見かけます。出雲から松前船で伝わったのかも・・
新潟市西浦区松野尾・神明宮　明治15年（1882）
←

良く似た親子犬で仔犬の表情が大人びていて忘れ難し
石の模様がしもふりで見づらいのが欠点。　他にも数匹います
新潟県柏崎市荒浜3―8―47・諏訪神社
海岸近くの道路沿い、静かな神社です

獅子が子を谷に落とす・・の図ですが、翼のある狛犬、あおむけにひっくり返った子、珍しい獅子山です
これを狛犬で造ったところはユニークですが作者は獅子のつもり?。もっとも狛犬の原型は唐獅子でしょうから的外れでもありませんが天馬ならぬ天狛は初めて見ました
新潟県柏崎市桜木町・悪田稲荷神社　昭和15年（1940）　作者・小川由太郎

圧巻の猛烈犬！

見事な必見の大型犬です。実際は左右逆並び。柵の隙間から撮影

新潟県糸魚川市一の宮・天津神社

東海・北陸の狛犬

安政生まれの武者顔犬　平成の造立といわれても納得しそうなほど阿吽とも傷みがありません

静岡県賀茂郡西伊豆町宇須久１２６５−１　宇須久神社　安政５年（1858／江戸末期）

小さな狛犬ですが親子ともなかなか精悍な面構え

こちらも屋内のためか綺麗です

静岡県賀茂郡西伊豆町宇須久3624
東海工業敷地・出崎神社
＊東海工業の敷地内です。参拝者は入っていいようですが入口に事務所があるので挨拶した方が良いです
工場の建物などは木造の近代建築を丁寧に使用されていて感動的、こちらも見応えがあります

フラダンスの犬　アロ～ハ

焼津は魚がおいしく食べ過ぎでね、腰まわらないかもハハハ・・

静岡県焼津市八楠360・加茂神社
昭和56年（1981）　謹刻・松永憲三郎
東名高速・焼津ＩＣからすぐ

本殿前にいる（柵内）まるまると肥えた性格良さそうな阿吽です　→

延宝7（1679）

下は境内の隅に針金で縛られていた古い一対ですフォルム、表情共に抜群！

共に静岡県掛川市西大渕5631・三熊野神社

頭でっかちで巾広顔の傑作犬　阿吽双子のようにそっくりです

静岡県掛川市横須賀425・水天宮

量感溢れるけどちょっと太りすぎ?
元禄15年(1702/江戸中期)
屋根上の飛び狛もなかなかです
静岡県浜松市南区参野町112・津毛利神社

こちら飛び狛の秀作！この顔はこの辺りに多い顔です　天文3年生まれの狛犬もいます

静岡県湖西市大知波329・大神山八幡宮

豪快な笑顔、阿吽共二本の牙が印象的です
大正13年（1924）

古い飛び狛が神社の隅に降ろされていました。傑作でした ←

共に静岡浜松市西区舞浜町舞阪1973・岐佐神社

参道にいる大狛犬（2m以上あります）の仔犬ですが
とても怒っています　平成7年（1995）
不愉快な奴でもきたのでしょうか（私？・・・）

阿吽共に何だか不機嫌そう・・
なにか不愉快なことがあったのでしょう　→
大正14年（1923）
共に静岡県湖西市新居町中之郷320・二宮神社

とぼけています。猿のようでも犬のようでも人のようでもあり何者か良くわからないけどとりあえず狛犬ということで・・・

不精的簡素な造りがシンプルで素晴らしい。癒される表情です

三重県県三重郡菰野町切畑579
伎留太（きるた）神社
集落への橋を渡り左折して山に入ります。車でいけます

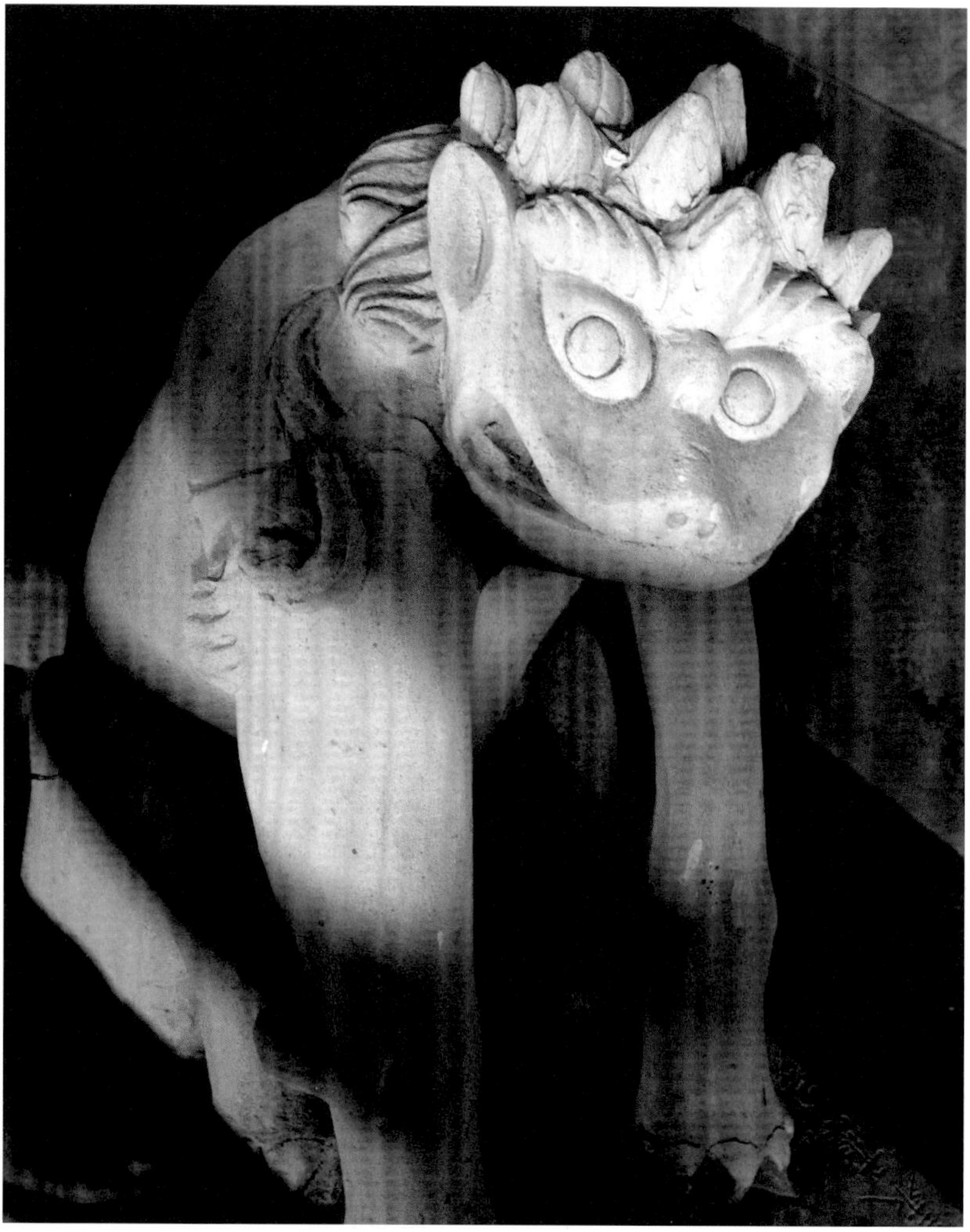

これ狛犬?こんな姿勢の狛犬なんて見ないですが、とてもとても魅力がある異形の大傑作!

江戸初期の作ですが凄い感覚の人がいたものですね

三重県津市安濃町粟加1255
伊蔵神社
承応2年（1653／江戸前期）
静かな山里の人の訪れが少なそうな神社でした

まんまる目玉のユニーク犬、叶うなら作者に会ってみたい傑作

愛知一番の傑作です。知多半島には他にこれほど面白犬いませんがこの一対に会うだけで遠方から行く価値あります

愛知県知多郡南知多町山海長坂70・八幡社
昭和３年（1928）　のどかな風景の中にある小さな神社、老体ＯＫ、石段ありませぬ

お肌ピッカピカ

表情も姿もとっても魅力的。つややかなのは瓦材なのでしょう。柵内なので接近不可です

上の狛犬がいる神社から遠くないので寄るといいですが石段一七〇段ありますのでお勧めしきれません

愛知県知多郡南知多町内海高平井26・高宮神社

←街道沿いにある公民館前に参道入口があります

観た人が笑顔になる色も綺麗な小型木鼻ワン君です →
ここの本殿脇には面白犬などが数匹いますがほとんどが傷んでいます
岐阜県下呂市御厩野・熊野神社手水舎　ゆるい坂の公道沿い

やや怪獣顔でなかなか見応えがありますが、残念ながら満身創痍でかなりの重傷
岐阜県中津川市加子母佐見・二渡神社
国道から一本入った道沿い、佐見口バス停そばから入ります
↑

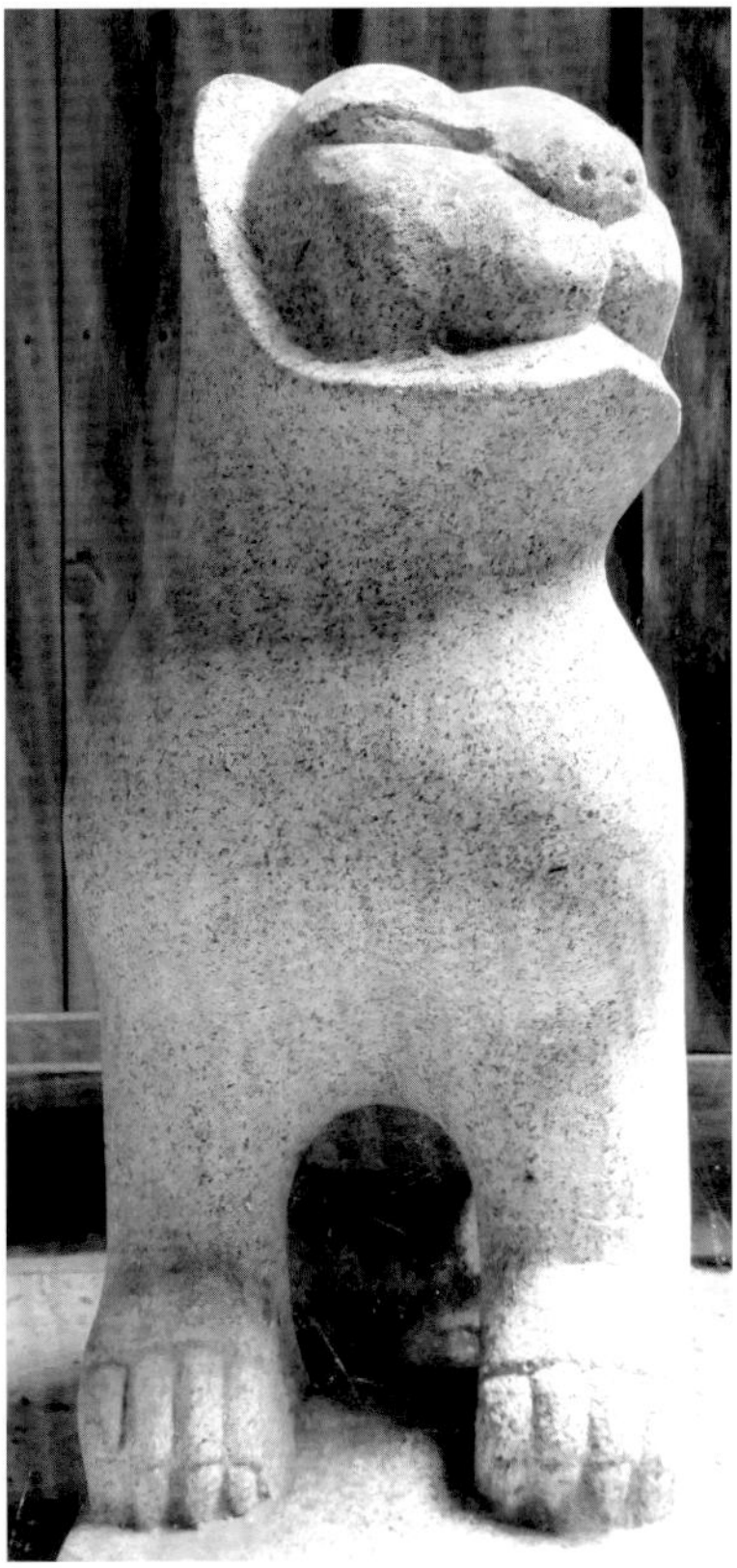

↑

どうみても猫かライオンにしかみえないんですが・・

でもフォルム抜群で見事な現代彫刻です

小さいです

昭和52年（1977）

愉快な顔の笏谷狛犬

同じ神社の本殿脇にいますが近づけません

岐阜県郡上市白鳥町中津屋1228・白山神社

異形度満点の造形

狛犬といってこの形が浮かぶ石工は非凡です

岐阜県郡上市白鳥町前山319・白山神社　国道から一本入った集落内です

●北陸犬

「最近艶ぽい人妻が参拝にくるよ、知ってるか?」

「何時頃くる?、ウフフ・・」　只今、おやじの世間話中　↓

思いっきり笑ったら戻らなくなっちゃって・・　←

大正9年（1920）
同じ神社にいます、他にも共同生活犬います。カラス注意！です、
狛犬もフンだらけでフンガイしてます　富山市宮保476・熊野神社

すきやき鍋型頭の大型犬です　→
1・5m以上あります。かっこよく見栄を切るこの顔、ポーズは富山に多く越中の人は好きなのでしょうか。上と兄弟分
富山県滑川市北野・天満宮　　R8から一本入った道沿い

すきやき鍋逆さに冠ったような小型犬です　上右
みえにくい場所だけどスタイルの良いシロ君です
泣き出しそうな顔が気にはなりますが近寄れません
富山県滑川市・櫟原神社　上2匹は同じ神社にいます
↑

ジャーのフタみたいな顔だけど単純化されたデザインに感心です　飛騨から北陸にかけて良く見るはじめ型です

富山市宮保476・熊野神社

大きいけど気は弱そうでした

富山県魚津市吉島2972・建石勝（たていわかつ）神社

R8バイパス沿い

ちょっと怖めの愛嬌犬　→
近年、社殿は火事で燃えて再建されました
富山県小矢部市臼谷6967・臼谷八幡宮

左右に2匹づつ4匹が笑顔でお出迎えしてくれます
大きい犬は大正15年（1926）　チビ（奥）は大正9年（1920）
出生順でいけばチビが年上です
富山県魚津市三ケ・神明社
↑公民館が横にあり境内から遊園地の観覧車が見えます

漫画顔の氷見犬です

この神社の拝殿はとても美しく、こけら葺の屋根が特に見事な元お寺の建物です

富山県氷見市中田・道神社　大正3年（1914）

近くの女良郵便局が目印です

なんたってバックシャン！　顔はまあまあ・・

ところで「貴女バックシャンだよね」は褒め言葉でしょうか、微妙です。今どきは使わない言葉ですかね～

富山県氷見市久目・久目神社　明治34年（1900）

のどかな村外れの神社

チンクシャ犬の代表　明治５年（1872）
チンクシャも個性のうち。この神社には数匹の狛犬がいます
石川県加賀市橋立町ホー１ー甲・出水神社　伝建集落の西外れ

なんとも猛烈です　凄いのですが滑稽
忘れられない傑作ですがなぜか一匹だけ。　とても大きいです
石川県加賀市動橋町ワ180-1・振橋神社　　昭和60年（1985）　町中の神社です

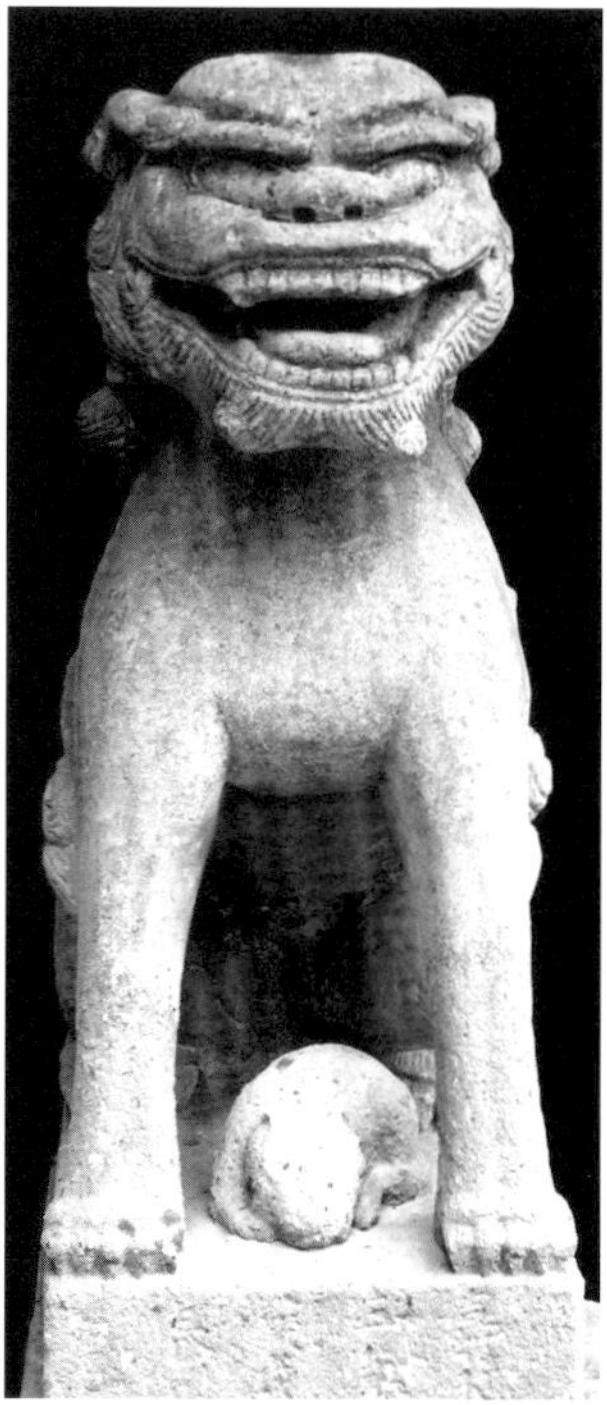

台座に抱きついて必死！　どうしたのでしょう→
何匹も灯篭に抱きついています、特に面白いわけでもないのに越前で流行ったんでしょうか。もう77年この姿勢
福井県福井市本堂町・高雄神社　昭和16年（1941）

江戸後期生まれのユニーク犬です　上右
お腹の下で眠る仔犬が可愛い　嘉永3年（1850）
明治生まれの柔和犬　本当にやさしそうです　上左
明治22年（1889）　境内社・船尾神社前にいます
共に石川県加賀市大聖寺神明町・加賀神明宮

おかっぱ頭で小さいながら頑張ってます

帝釈天堂前にいます。他にも数匹います

福井県坂井市三国町池上25－２・伊伎神社

神社はちょと判りにくいです。街道から集落の中ほどにある坂道を上がったところにあります

●大工彫刻の傑作です。

北陸の人は抱きつき型が好きみたいです

●伊伎神社毘沙門天堂の一刀彫の狛犬。見事です！　右頁

●鵜森神社の木彫狛犬　上

福井県坂井市三国町池上25－2・伊伎神社

福井県福井市川崎13－11－1　鵜森神社

↑

ワアッ、おまえ変！

ハゲ的おかっぱ頭　でも好き！

このユニークさ、どう表現すれば伝わるかとしばし考えました。

この神社は最近社殿が建て変えられピカピカでしたが、古い狛犬たちを大事に生かしてくれて感謝です。狛犬たちはどれも20㎝前後の小犬なので石段の手摺などにくっついて9匹くらいいます。建て替え前に行った人の写真（ネット）にはいませんでした。

どこかにしまわれていたのでしょうか？

福井県福井市下市町27－36

與須那（よすな）神社

神社は街道に面した高台にあります

↑
ユニークな笏谷狛犬ですが本殿前なので柵間から
のぞき見です　狐と同棲しています
豪壮な屋根を持つここの社殿（国重文）は必見です
福井県越前市大滝町13－1・岡太・大滝神社
この辺りでは知らない人がいない有名な神社です

凄みと美しさを備えた見事な木彫狛犬です
本殿脇にいます、またまた柵の隙間からです
狛犬散歩に隙間撮影術は必須です
福井県越前市粟田部9－13・岡太（おかふと）神社
←

関西・中国犬

飛びかかろうとする阿、身構える吽
鎮守の森のワンラウンド!

悪者を威嚇しているポーズでしょうか、柵内で近づけません。またまた隙間撮影です

滋賀県米原市朝妻筑摩・熊野神社
小さな町中の神社です

おすわり！おあずけ！　もう、ちょうだいよ～　→

素朴な造りでかわいいです

滋賀県東近江市石塚・若宮八幡宮

毎日琵琶湖眺めながら暮らしてたらこんなのんきな顔になっちゃいました

湖北の小さな集落にいます、辺りは素敵な湖畔風景です

滋賀県高島市マキノ町西浜・海津天神社　↓

傷みはありますがはなんとか五体満足のようで威嚇の表情で神殿を守っています
木彫は傷みやすいので保存が大変です
滋賀県犬上郡甲良町尼子・甲良神社

耳も手も取れて落ち武者の如くですが、五体満足ならかなりの見応えだったでしょう。無念じゃ～
本殿は国重文です
滋賀県東近江市北菩提寺・押立神社

なんだか得意げですね　この顔
本殿の建築は国重文です
滋賀県草津市渋川1－11－32
伊砂砂神社　明治22年（1889）

表情はすこぶる良いけど体の割に手が小さすぎない？

滋賀県草津市新浜町・龍宮神社　明治14年（1881）

顔も体も不器量ですが見逃せない一匹

同じ神社にいます

「そんな大きな声出さなくてもそばにいるんだから・・」
浪速のおばさんが毒舌合戦しているようですが阿の勢いに吽は閉口気味のようです
大阪市西淀川区佃1－18－14　田蓑神社　昭和2年（1927）
↑

やや間抜け感のあるおじさん風
大阪市淀川区加島4－4－20・香具波志神社境内・岩木神社　←

とぼけ顔の一対、とくに吽（上）のとぼけ感がいいなぁ

大阪市淀川区加島4−4−20・香具波志神社・岩木神社
寛保3年（1743／江戸中期）

ぼくら正面いまいち
とにかく横顔、横ポーズ、ハイ！
大阪市東住吉区針中野2－3－58
中井神社摂社・白龍社　木製です

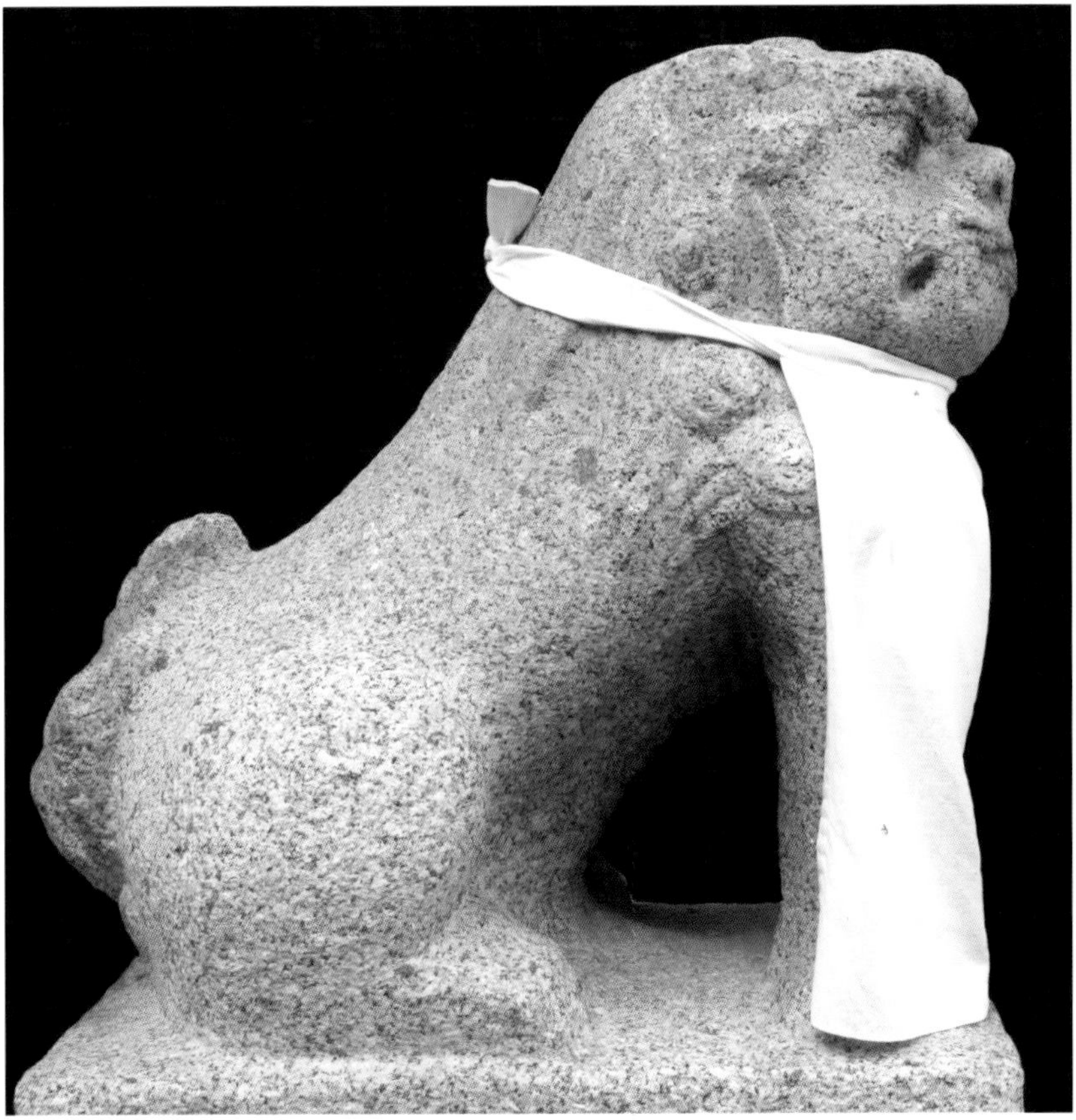

大阪府茨木市五十鈴町9－21
溝咋（みぞくい）神社
境内社・事代主神社

がんばっても番犬としては怖さ不足です　→
拝殿前にいるユニーク浪速狛犬　文化５年（1808／江戸後期）

境内社にいる頭デカ浪速狛犬です
↑
共に淀川区十三東２－６－39・神津神社

「いい天気だね～」頭テカテカの笑顔犬
吽はかなり寄り目。瓦材のようです。境内・戎社にいます
↑

肥満型浪花狛犬です
見るからに円満そうな一対でした　←
嘉永６年（1849／江戸後期）
共に大阪府泉佐野市鶴原・加支多（かきた）神社

かなりユニークな漫画犬です
小さな末社の超小型木製犬です。10数cmでしょうか
奈良県桜井市出雲650
十二柱神社境内社＝列伝天皇写

ふざけるにも加減というものが・・備前焼の深海魚顔。吉備の山間の町に変わった奴がいると聞いていましたがかなりでした
この辺りでは定番なのかもしれません　岡山県加賀郡吉備中央町上竹3268・大八幡（おおやはた）神社　境内社

ジグゾーパズル犬です →
なんでひび割れセンベイみたいになっちゃったのか自分でもわかりませんとのことです

←
どうしたらこれがふざけ党の頭目のようです
降参です。この奇怪ぶり尋常じゃないです、チビで狸ぽいですが迫力十分

共に岡山県吉備郡加賀中央町1408・東豊野神社

備中トトロ犬です

目立たないようだけどよく見ると愛嬌あります →

岡山県加賀郡吉備中央町田土3113

川合神社　昭和45年（1970）　R57に面し、信号前です

スタイルも表情も決まって　かっこいい！

岡山県加賀郡吉備中央町上竹3268

大八幡（おおやはた）神社

明治24年（1891）参道入口にいます

コイツもかなりですよね〜

実は狛犬顔に化けた陶器製狸狛ではないかと推察します。ちょっと化け損ねたらしく狸が垣間見えます。わけわからぬ衣まとってます

岡山県吉備中央町細田1372・天津・久保田神社

鬼狛です、真っ赤になって怒っています
備前焼にしても赤過ぎです、塗ったみたい、鬼だからいいでしょう
吉備中央町竹部・天神社　昭和生まれらしい

深海魚が陸に上がって狛犬になったようです
こちらも備前焼です　同じ天神社にいます

あとがき

八年前に「こまいぬ」を出版した時、Ⅱを出す気持ちはあまりなかったが、それからの旅の中でやはり気になって撮り続けていたら二百匹近くなっていた。周囲からも背中を押されてⅡを出版することにした。自分の年齢からしてⅢはないだろうと思うが、読者の後押しがあればまた出す気になって狛犬旅をしそうでもある。狛犬の他に、ユニークな石仏も数百撮っている、人の訪れも稀な古い茅葺の御堂も撮っている、それらの本も出したいとも思う。

狛犬にしても石仏にしても、無名の工人たちの彫刻作品だが、有名作家の作品を凌ぐ魅力的なものも多い。しかし、どこかにその記録を残していかなくては人知れず失われる可能性がある。昨年、東京上野の博物館で「運慶展」を見たが、私には運慶の作品が野や鄙の社寺に佇む彫像作品の魅力を遥かに凌ぐほどには見えず、世間の下した評価や知名度が自分の価値基準とはなり得ないことを再認識し、改めて無名の工人（作家）たちの作品を記録する大切を思った。

時は人を待たず、自分の老いは日々に加速する。抗しきれない事実を懐に、明日も野に立つ風の貌を訪ねたいと思う。

平成三十年　春　著者

こまいぬ　Ⅱ
二〇一八年五月一〇日発行
定価一五〇〇円＋税
著者・宮本和義
写真協力　苅野起三子
編集・デザイン　アトリエＭ5
販促・宣伝協力（株）リモートワーク
発行　アトリエＭ5
FAX　042-978-9292
E-mall：kazu_44@beetle.ocn.ne.jp
＊お問い合わせはメールのみでお願いします
不在が多いため長くお返事できないことがございますのでご了承下さい
＊落丁、乱丁本はお取替えします
印刷・製本　協友印刷株式会社

おしまい